LES PRÉCEPTES,

OU

LA RELIGION

SOUS LES RAPPORTS POLITIQUES,

Par M. le Ch.ier de K.

« Les hommes de l'ancien temps, dit Cicéron,
« pensaient que la loi n'est pas l'ouvrage des
« hommes, ni le produit des résolutions arbi-
« traires et passagères prises par les peuples ;
« mais que c'est un principe éternel qui gou-
« verne le monde. C'est pourquoi ils enseig-
« nèrent que la première et suprême loi, soit
« impérative, soit prohibitive, avait son siège
« dans l'intelligence divine. » *De Leg.* 2. c. 4.

STRASBOURG,

Chez LOUIS-FRANÇOIS LE ROUX.

LES PRÉCEPTES,

OU

LA RELIGION SOUS LES RAPPORTS POLITIQUES.

M͏ʳ DE LA MOTTE a dit, avec beaucoup de vérité, que si tous les hommes craignaient Dieu, la société n'aurait pas eu besoin de lois humaines ; que celles qu'il a gravées au fond de leur cœur suffiraient pour établir dans le monde une paix inaltérable ; que tout le genre humain n'eût été qu'une seule famille, où sans s'armer de châtimens et de menaces, une discipline sage eût distribué les travaux selon les forces ; qu'amis zélés les uns des autres, nous nous serions rendu plus de services que l'autorité n'en peut exiger ; et que respectés également dans les différentes places où l'intérêt commun nous eût rangés, la subordination n'eût pu être regardée comme un esclavage.

1 *

C'est surtout aux gouvernemens qui se régénèrent, et qui ont à cœur d'arrêter les progrès de l'immoralité publique, qu'il importe de se baser sur des principes religieux, parce que la religion sera toujours le plus solide appui de toute autorité quelconque.

En effet, comment serait-il possible d'attacher les hommes à des devoirs généraux, sans établir le principe d'où ils peuvent tirer toutes les raisons de subordination et de dépendance, qui les pénètre de la nécessité même des vertus et des motifs de conduite bien plus élevés que ce qui les détermine naturellement?

On ne peut se dissimuler que tout gouvernement est fondé sur les devoirs de l'obéissance. Mais l'obligation d'obéir aux lois civiles et à la volonté du prince ne dérive-t-elle pas de cette loi primordiale d'ordre et de justice qui tient essentiellement au culte que nous devons à la divinité?

S'il en était autrement, toute la domination résiderait dans la force, et il faudrait faire le bien déplorable aveu que c'est l'intérêt et la force qui établissent le droit et la justice; enfin il n'y aurait plus d'autres vertus que celles que ferait pratiquer la crainte du bourreau.

On ferait disparaître le plus puissant des intérêts, car il n'y aurait ni peine ni récompense après la mort.

Il y a plus, la condition des peuples serait soumise aux chances les plus désespérantes.

Qu'un souverain se croye assez solidement établi sur le trône pour n'avoir absolument rien à craindre, qu'il ne connaisse plus d'autre règle de conduite que son ambition et ses caprices; qui pourra l'empêcher de devenir le plus insupportable des tyrans? point de loi qui le condamner, aucun sentiment religieux qui le ramène à ses obligations.

Il en sera absolument de même des sujets : il leur suffira d'être assurés de l'impunité, pour composer avec tous leurs devoirs, pour se faire un jeu de la révolte et de tous les forfaits.

Un gouvernement est sans fondement quand il n'y a point de loi qui maîtrise les consciences.

Les gouvernemens ne peuvent se maintenir que par cet heureux concours de justice et d'obéissance, de sollicitude et de respect, que la religion a établi entre le souverain et ses sujets.

C'est Rousseau, si souvent invoqué par les novateurs, qui nous dit qu'il y a des devoirs réciproques entre les membres qui composent la société ; que ces devoirs ne peuvent être prescrits que par une loi antérieure à toutes les lois humaines, qui impose l'obligation rigoureuse d'obéir au souverain : que s'il en était autrement, il n'y aurait point de devoirs réciproques entre les membres de la société, parce qu'il n'y a point de devoirs sans lois qui les imposent, et qu'il n'y a point de lois sans législateurs qui les établissent ; qu'enfin il n'y a point de législateurs sans Dieu, parce que personne de soi-même n'a droit de commander à son semblable ; qu'ainsi tout ce qui existe n'est que par celui qui est (Dieu) ; que c'est lui qui donne un but à la justice, une base à la vertu, un prix à cette courte vie employée à lui plaire ; que c'est lui qui n'a cessé de crier au coupable que ses crimes secrets ont été vus, et qui fait dire au juste oublié : tes vertus ont un témoin.

La loi que nous voudrions méconnaître, est donc la raison éternelle qui est Dieu, et qui renferme tous les principes d'ordre et de justice.

Qu'on relâche les liens formés par la religion , et on verra la puissance s'affaiblir. Les esprits forts qui combattent la révélation , attaquent bientôt et audacieusement toutes les maximes qui forment la base du gouvernement.

La plupart des impies qui ont outragé ouvertement la divinité , ont prétendu, et soutiennent encore aujourd'hui , que les rois n'ont été placés sur le trône que par la servitude et l'adulation.

On lit dans un acte de l'assemblée des évêques de France en 1775 :

« Tel est le rapport admirable établi
« par la providence entre la religion et la
« société , que le bonheur des États dé-
« pend nécessairement de l'observation des
« lois divines : l'esprit de subordination
« et d'obéissance qui fait les enfans de
« Dieu, fait aussi les sujets fidèles ; et la
« même liberté de penser qui enfante les
« systèmes irréligieux, ébranle les fonde-
« mens du trône et de l'autorité. Oui, le
« même esprit qui a osé interroger le
« Ciel , et lui demander compte de ses
« voies, de ses jugemens et de ses oracles,

« a bientôt interrogé les maîtres de la
« terre, soumis à l'examen les titres de
« leur pouvoir, discuté leurs droits et
« les principes de l'obéissance qui leur
« est due. ”

Dans un réquisitoire de M. Séguier, du
7 septembre 1775, on trouve ces paroles
remarquables :

« Le clergé et la magistrature doivent
« se réunir par un heureux accord, pour
« écarter des atteintes que des maximes
« impies voudraient porter au trône et à
« l'autel : *les magistrats en faisant res-*
« *specter nos saintes écritures, nos dog-*
« *mes sacrés, nos saints mystères ;* les
« ministres des autels en instruisant les
« fidèles, en faisant respecter l'autorité
« des lois, en entretenant les peuples
« dans la soumission qu'ils doivent au
« souverain, et en leur apprenant à re-
« garder les oracles de la justice comme
« une portion de la justice divine elle-
« même. ”

Lorsque la haute magistrature professait
ces maximes si salutaires, et auxquelles
la France fut toujours redevable de son
repos, comme de sa prospérité et de sa
grandeur, on peut demander ce qui se-

rait arrivé à un avocat qui, comme M. Odilon Barrot devant la cour de cassation, se serait permis de dire devant une cour souveraine : *Oui, la loi en France est athée, et elle doit l'être.*

Horace, le poëte le plus célèbre du siècle d'Auguste, et auquel nos beaux esprits du temps ne rougiraient sans doute pas d'être comparés, n'a point appréhendé la réputation de génie faible et superstitieux, en rejetant sur le mépris de la religion les malheurs arrivés à l'Empire. « Romains, dit-il, vous porterez la peine « que vos pères ont méritée, jusqu'à ce « que vous ayez relevé les temples des « Dieux, et leurs autels qui tombent en « ruine, et renouvelé leurs statues que « le temps à défigurées. Si vous êtes les « maîtres du monde, c'est parce que vous « vous êtes tenus au-dessous des Dieux. « Cette soumission a été le principe de « votre grandeur ; c'est à elle que vous « devez rapporter le succès de vos entre- « prises : depuis que les Dieux se sont « vus négligés, ils ont affligé l'Italie de « bien des maux. »

On ne compose point avec les maximes religieuses ; et lorsqu'elles prescrivent la subordination et la dépendance pour toute autorité légitime , elles n'admettent point que des abus ou des excès puissent autoriser les murmures et les révoltes.

La religion est véritablement la source du bonheur et de la tranquillité des États. Elle est, en un mot, la bienfaitrice universelle des hommes , parce qu'elle est le lien commun des peuples et des souverains.

Remontons aux principes , ouvrons l'évangile : nous y voyons que l'esprit de discorde y est condamné comme l'esprit du démon, *portant la désolation dans tous les empires.*

On nous dit ailleurs : *rendez à César ce qui appartient à César , et à Dieu ce qui appartient à Dieu.*

Heureux mélange des droits de la divinité et de la majesté royale.

Jésus-Christ ordonne aux juifs de faire ce que leur disent les scribes et les pharisiens , *parce qu'ils sont assis sur la chaire de Moyse.*

Jésus-Christ nous déclare que le droit de vie et de mort exercé par Pilate *lui a été donné du Ciel.*

Ne rougissez pas de souffrir comme

chrétiens, disait St. Paul, *mais glorifiez Dieu en son nom ; que chacun soit soumis à ses maîtres, même fâcheux et inéxorables, pour l'amour de Dieu, parce que c'est la volonté de Dieu.*

On voit que St. Paul, tout chargé de chaînes, sollicitait ses disciples en faveur de ses persécuteurs. *Soyez soumis par nécessité, car toute puissance est ordonnée de Dieu ; celui qui résiste à la puissance, résiste à l'ordre de Dieu.*

Saint Bazile rendit les plus grands devoirs à Modeste, envoyé de l'empereur Valence ; le grand évêque de Samozate fit les plus grands efforts pour préserver de la fureur du peuple celui qui lui portait l'ordre de son exil.

Saint Paul disait souvent : *Si vous faites le mal, craignez le Prince, car ce n'est pas en vain qu'il porte le glaive, et qu'il est le ministre de Dieu.*

Le même annonçait que Néron, le plus odieux des tyrans, et qui régnait alors, ayant été établi de Dieu, on ne pouvait lui résister, sans résister à Dieu même.

Que dirai-je encore, s'écriait Tertullien, *de notre religion et de notre piété pour l'Empereur, que nous devons respec-*

ter, comme celui que Dieu a choisi; ensorte que je puis dire que César est plus à nous qu'à vous, puisque c'est notre Dieu qui l'a établi.

C'est donc bien véritablement là loi évangélique qui commande le respect et la soumission pour les puissances de la terre, et qui exige que l'on obéisse aux maîtres, même durs et fâcheux : elle ne veut point que cette soumission soit l'ouvrage de la crainte, elle l'indique comme un devoir de conscience.

Ces principes étaient autrefois la base invariable de notre législation. Dans un réquisitoire imprimé avec un arrêt du parlement de Provence, du 3 septembre 1732, on disait :

« Votre Majesté tient dans le royaume
« la place de Dieu même, dont elle est
« l'image vivante ; la soumission qui lui
« est due, est un devoir de religion au-
« quel on doit satisfaire, non par la
« crainte des peines, mais par un mou-
« vement de conscience. »

Ce furent surtout les premiers chrétiens qui manifestèrent ces sentimens de la manière la plus admirable ; ils les manifestèrent au milieu des horreurs de la persécution. Ils protestaient de leur fidélité à ces mêmes tyrans qui versaient leur sang ; ils parlaient de cette fidélité comme d'un devoir indispensable de la religion.

Jamais dans aucune conjuration on ne put compter un seul chrétien au nombre des rebelles.

Pourquoi nous calomnier sans cesse auprès de l'Empereur, disait Tertullien, *et cependant on ne trouve pas un seul chrétien qui se soit engagé dans le parti d'Albinius, de Niger, ou de Cassius.*

Ambroise et Grégoire de Naziance n'opposaient que les larmes et les prières aux affreuses persécutions des Ariens.

Grégoire de Tours disait à Chilpéric dans un concile : *Vous nous écoutez si vous voulez, et si vous ne voulez pas, qui vous condamnera, sinon celui qui a dit qu'il était la justice même ?*

Aujourd'hui la législation française refuse à la religion cet hommage solennel, que les plus fortes considérations d'ordre public réclamaient plus puissamment que jamais ; et oubliant que depuis le règne de Clovis triomphant à Tolbiac sous les auspices de la foi, des siècles de prospérité se sont écoulés sur la France, la religion est bannie du code des Français, et ce sont les atteintes portées à la *morale religieuse* qui doivent fixer la sollicitude des magistrats.

La morale religieuse remplaçant la religion proprement dite, est un être de raison. C'est la religion qui produit la morale, parce que c'est la religion qui établit des maximes, qui procure des secours, qui suggère des motifs, qui impose des devoirs, qui propose des récompenses et des menaces de châtiment : c'est la religion enfin qui forme les bons princes et les sujets fidèles.

Dans tous les temps, le philosophisme n'a invoqué que la doctrine des mœurs, se dissimulant toujours qu'il construisait sur un sable mouvant et stérile ; que ce sont les dogmes de la foi, ces dogmes proprement spéculatifs, qui fondent la doctrine des mœurs ; que celle-ci ne peut exister si l'esprit humain n'est pas aveuglément soumis à des mystères impénétrables à son intelligence, s'il se refuse à l'hommage le plus parfait qu'il puisse rendre à la divinité.

La doctrine religieuse règle les consciences et par conséquent les mœurs publiques.

Oui , c'est la religion qui forme les mœurs, car c'est la religion qui commande la charité et la tempérance ; c'est la religion qui prescrit le désintéressement, la droiture, la charité, la résignation dans les souffrances, l'oubli et le pardon des injures.

C'est la religion qui soumet l'homme puissant au pouvoir de la loi ; c'est elle enfin qui lui dit que le pauvre est son égal.

C'est la religion qui nous apprend à contenir nos passions ; c'est elle qui nous dit que le souverain bien consiste dans la volonté toujours ferme d'être vertueux ; c'est encore elle qui nous fait éprouver la plus douce des sensations, lorsque nous sommes témoins d'une action bienfaisante, généreuse et désintéressée.

La religion est toute entière dans l'intérêt de l'État et de la société : elle forme les mœurs du peuple, en soutenant dans le cœur des sujets le respect et l'obéissance à l'égard de l'autorité, et en imprimant à celle-ci l'amour des peuples.

Malheur aux gouvernemens qui n'ont que la crainte pour s'assurer de la subordination des sujets !

Il n'y a de véritable zèle de la part de ceux-ci, que là où la justice et l'amour du devoir existent comme principes.

Sans cette loi primitive, qui veut que nous soyons soumis à ceux que Dieu établit au-dessus de nous, nous ne serons réglés que par l'intérêt de nos passions.

Non ce ne sont pas les conventions des hommes qui impriment les idées du juste et de l'injuste ; ces idées sont dans la conscience, et cette conscience est l'œuvre de la religion.

Nous n'avons plus aucune loi qui défende de travailler les jours de fêtes ; le travail n'est pas même interdit durant l'office divin.

Cependant, les payens avaient consacré à leurs dieux des jours solennels, durant lesquels il était ordonné de chômer. Les Grecs confirmèrent par une loi la sanctification de ces jours. *Lex apud Athenienses jubebat ut sacra diis rite fierent, non avocato ad alias curas animo.*

Chez les Romains, conformément à la loi de Numa, on faisait publier par un héraut que chacun s'abstînt de travailler ; car, si pendant le sacrifice, le sacrificateur se fût aperçu de quelque travail, la cérémonie aurait été profanée. *Ne si vidisset sacerdos facientem opus , sacra polluerentur.*

Le Seigneur dit à Moyse : *Parlez aux enfans d'Israël et dites-leur : ayez grand soin d'observer mon sabbat, parce que c'est la marque que j'ai établie entre moi et vous, et qui doit passer après vous à vos enfans, afin que vous sachiez que c'est moi qui suis le Seigneur qui vous sanctifie ; observez mon sabbat , parce qu'il doit vous être saint ; celui qui l'aura violé sera puni de mort. Si quelqu'un travaille ce jour-là , il périra du milieu de son peuple.*

Le samedi fut consacré au service du Seigneur, pour perpétuer dans l'esprit des hommes la mémoire du grand ouvrage de la création , et du repos mystérieux dans lequel Dieu est entré après la production de toutes les créatures , et pour leur faire honorer ce saint repos.

Le jour qu'il nous est ordonné de sanctifier maintenant c'est le dimanche , qui signifie le jour du Seigneur.

L'Église sanctifie le dimanche , parce que c'est le jour auquel Jésus-Christ, après les travaux et les souffrances de sa vie mortelle, est entré, par la résurrection, dans son repos éternel. Ce fut aussi un jour de dimanche que la descente du St. Esprit forma l'Église chrétienne, et dès l'origine de celle-ci, l'observation du dimanche devint universelle et absolument uniforme pour elle.

En France, aucune loi ne prescrit la bénédiction nuptiale ; on est libre de la recevoir ou de s'en passer.

Chez les nations les plus sauvages, il n'existe point de mariage sans l'intervention de la religion.

Nous faisons peu de cas des juifs, et cependant le mariage n'est véritablement contracté parmi eux que lorsque le rabbin a prononcé ces paroles : *Soyez béni, Seigneur, qui avez créé l'homme et la femme, et ordonné le mariage.*

Chez les Romains, les nouveaux époux étaient dans l'obligation très étroite de sacrifier aux dieux.

Le mariage est une union que Dieu a établie dès l'état d'innocence ; il est dit, Génèse (1, v. 27. 28.) : *Dieu créa l'homme à son image, il le créa à l'image de Dieu, et il les créa mâle et femelle. Dieu les bénit et il leur dit : croissez et multipliez-vous.* — Après la chute d'Adam, quand

Dieu lui reprocha sa désobéissance, Adam lui répondit : *La femme que vous m'avez donnée pour compagne* m'a présenté du fruit de cet arbre, et j'en ai mangé. Jésus-Christ a élevé le mariage à la dignité de sacrement, il l'a adopté comme le symbôle de son union avec l'Église.

N'était-ce pas annoncer ce sacrement en termes bien exprès, lorsque St. Paul ordonnait à tous les fidèles qui recherchaient le mariage , d'en former les liens dans le Seigneur ? *Nubat in Domino.*

Que pourrait-on opposer à ces textes sacrés : *Ils seront deux dans une même chair ; que l'homme ne sépare pas ce que Dieu a uni ; époux, aimez vos femmes, comme Jésus-Christ a aimé son Église ?*

St. Thomas nous dit que dans le mariage Dieu s'est proposé la propagation du genre humain , le maintien de la société et l'accroissement de son Église.

Qu'on lise les édits de 1629 et 1639 :

« Nous voulons que les mariages soient
« célébrés publiquement en face de l'É-
« glise , avec toutes les justes solennités
« et les cérémonies qui ont été prescrites
« comme essentielles par les saints con-
« ciles, et par eux déclarées non seulement

2 *

« de la nécessité de précepte, mais encore
« de la nécessité de sacrement. »

Voyez la Déclaration du 13 déc. 1698 :
« Enjoignons à nos sujets réunis à l'Église
« d'observer, dans les mariages qu'ils vou-
« dront contracter, les solennités prescrites
« par les saints canons, et notamment par
« ceux du dernier et saint concile, et par
« nos ordonnances. »

Montesquieu, dans son livre de l'Esprit
des Lois, chapitre 13, L. XXVI, nous dit :
« Tout ce qui regarde le caractère du ma-
« riage, sa forme, la fécondité qu'il pro-
« cure, est du ressort de la religion : les
« conséquences de cette union par rapport
« aux biens regardent les lois civiles. Les
« conditions qu'elles exigent sont des carac-
« tères ajoutés, et non pas contradictoires. »

C'est la sanctification du mariage qui
doit imprimer aux époux le sentiment des
devoirs qu'ils ont à remplir ; c'est parce
que le mariage est contracté au pied des
autels que les époux se soumettent aux
charges qu'il impose. Hors de-là, toute
carrière est ouverte aux caprices, aux dé-
goûts, à toute la perversité des désirs ; l'al-
tération la plus affligeante affecte les mœurs
en général.

De misérables pamphlétaires, des brouil-lons, des hommes déshontés, qui ne tiennent nul compte de la plus cruelle des épreuves, qui voudraient ramener toutes les horreurs de l'anarchie, insultent jour-nellement à Dieu, à la religion et à ses ministres. Cependant, il est dit dans l'ancien Testament : *Chassez le blasphémateur du camp, et que tout Israël l'accable à coups de pierres.*

Nabuchodonozor lui-même a prononcé, dans un édit solennel, *que toute langue qui blasphémerait contre le Dieu de Sidrac, Nisac et Abdenago, devait périr, et que la maison du blasphémateur serait ren-versée.*

St. Paul a dit : *Si vous faites le mal, craignez le Prince, car ce n'est pas en vain qu'il porte le glaive, et qu'il est le ministre de Dieu.*

Ne voyons-nous pas, dans l'évangile, que Jésus-Christ, armé d'un saint zèle, a chassé, le fouet à la main, les profanateurs du temple.

L'histoire nous apprend que chez les peuples du Juida tout sacrilége est porté à la connaissance immédiate du Roi, et que le respect pour le souverain est subordonné à la sévérité des peines qu'il prononce dans les cas de l'espèce.

Les mêmes historiens rapportent que les crimes sont extrêmement rares dans le royaume de Juida. Heureux effet de ce concert mutuel, de cet accord parfait des intérêts du sacerdoce et de l'empire ! Cette union fit toujours le bonheur des peuples et la gloire de la religion.

On connaît l'ordonnance de François Ier publiée en 1536 : elle voulait que les blasphémateurs fussent punis pour la première fois par la prison, au pain et à l'eau ; que pour la seconde fois, ils fussent battus de verges ; et que pour la troisième fois, ils fussent punis par l'amputation des oreilles et le bannissement.

Déjà les ordonnances de 1347, du 14 octobre 1460 et du 9 mars 1510, avaient réprimé, par les peines les plus sévères, toutes les atteintes contre la religion de l'État, et ces peines n'étaient susceptibles d'aucune commutation.

Qu'on lise les motifs de l'ordonnance du 30 juillet 1666, ils sont dignes de remarque :

« Considérant qu'il n'y a rien qui puisse
« davantage attirer la bénédiction du Ciel

« sur notre personne et sur notre Etat,
« que de garder et de faire garder par tous
« nos sujets inviolablement ses saints com-
« mandemens, et faire punir avec sévérité
« ceux qui s'emportent à cet excès de mé-
« pris que de blasphémer, jurer et détester
« son saint nom, etc. Nous nous estime-
« rions indignes du titre que nous portons
« de *Roi très chrétien*, si nous n'appor-
« tions tous les soins possibles pour ré-
« primer un crime si détestable, etc. ”

Voyez les remontrances faites par la cour de parlement sur l'édit du mois de janvier 1551 :

« Il ne faut pas qu'un prince ose quelque
« chose contre Dieu, mais plutôt qu'il ait
« soin de la vraie religion, et qu'il con-
« serve les lois bien ordonnées contre les
« impiétés. Il lui vaudrait mieux quitter
« sa couronne, que par impiété trahir la
« cause de Dieu.”

Plus bas :

« Le Roi a plus d'occasion que nul autre
« prince chrétien, de maintenir la reli-
« gion, en laquelle ses prédécesseurs ont
« prospéré, depuis le roi Clovis jusqu'à
« présent, qui est plus de 1000 ans ; et dès-
« lors Agathie, historien grec, a dit que

« la couronne de France serait de longue
« durée, le prédisant, parce que les rois
« avaient embrassé la vraie religion, et
« que St. Remy, lorsqu'il baptisa Clovis,
« enquis combien durerait l'empire de
« France, répondit *que ce serait tant*
« *que la religion et la justice y dureraient."*

Passons à un autre document : nous le
puiserons dans le testament de Louis XIV,
fait à Marly, le 2 août 1714.

« Notre principale occupation, pendant
« la durée de notre règne, a toujours été
« de conserver dans notre royaume la
« pureté de la religion, et à en éloigner
« toutes sortes de nouveautés. Notre in-
« tention est que le Conseil de la Régence,
« s'attache à maintenir les lois et règle-
« mens que nous avons faits à ce sujet;
« et nous exhortons le Dauphin, notre
« arrière-petit-fils, lorsqu'il sera en âge
« de gouverner, de ne jamais souffrir qu'il
« y soit donné atteinte; comme aussi de
« soutenir, avec la même fermeté, les édits
« que nous avons faits contre les duels,
« comme les plus nécessaires et les plus utiles
« pour attirer la bénédiction de Dieu sur
« notre postérité et notre royaume."

« Nous n'insisterons pas, disaient les

« évêques à Louis XV, dans l'assemblée
« de 1765, sur l'intérêt pressant qu'a Votre
« Majesté d'arrêter les progrès de la nou-
« velle philosophie, dont les ouvrages que
« nous avons condamnés sont le fruit
« malheureux, et qui, renchérissant sur la
« philosophie que l'évangile avait ensevelie,
« renaît de ses cendres, non pour rétablir
« le culte et ses sacrifices, ni même pour
« s'en tenir à la fausse sagesse de Rome
« payenne et d'Athènes, mais pour dé-
« truire et avilir tout ce qu'il y a de sacré
« parmi les hommes. Votre Majesté est
« trop instruite des avantages que la reli-
« gion apporte aux nations, et surtout du
« puissant appui qu'elle prête à l'auto-
« rité des lois, pour ne pas regarder l'im-
« piété qui cherche à la détruire, *comme*
« *le plus grand fléau dont son règne puisse*
« *être affligé.*"

Quelle fatale prévoyance dans le réquisitoire de M. Séguier, lorsqu'en 1770, il
réveilla l'attention du parlement sur les
premières étincelles de ce feu impie que la
secte philosophique commençait à allumer
en France !

« L'anarchie et l'indépendance sont le
« gouffre affreux où l'impiété cherche à

« précipiter les nations, et c'est sans doute
« pour remplir ce funeste projet, qu'elle
« s'occupe depuis quelque temps à dénouer,
« nœuds à nœuds, tous les liens qui at-
« tachent l'homme à ses devoirs. "

« L'impiété ne borne pas ses projets
« d'innovation à dominer sur les esprits,
« et arracher de nos cœurs tout sentiment
« de la divinité : son génie inquiet, entre-
« prenant et ennemi de toute dépen-
« dance, aspire à bouleverser toutes les
« constitutions politiques; *et ses vœux ne*
« *seront remplis que lorsqu'elle aura mis*
« *la puissance exécutrice et législative*
« *entre les mains de la multitude, lors-*
« *qu'elle aura détruit cette inégalité né-*
« *cessaire des rangs et des conditions,*
« *lorsqu'elle aura avili la majesté des rois,*
« *rendu leur autorité précaire et subor-*
« *donné au caprice d'une foule aveugle. "*

On trouve dans toutes les institutions
des peuples éloignés de nous un heureux
mélange d'intérêt d'Etat et de religion ; et
presque partout la cause du prince est celle
de Dieu, comme la cause de la divinité
est celle du prince.

Lisons le code des Gentoux, si religieusement observé par les Bramines : il est

peu d'ouvrages qui inspirent plus de vénération pour les souverains , et qui recommandent plus rigoureusement à ceux-ci la droiture, la sagesse et la circonspection dans le gouvernement.

« C'est la providence, y lit-on, qui a
« créé le souverain pour la garde du
« peuple ; le prince ne doit pas être re-
« gardé comme un homme, il faut le con-
« sidérer comme une image de la divinité
« sur la terre. Jamais le magistrat ne doit
« être méprisé de ses sujets, et si quelqu'un
« se livrait à des sentimens si avilissans
« contre le trône, que les biens du cou-
« pable soient dissipés ! que celui qui mal-
« traite ou qui injurie le souverain, perde
« la vie ! Car la providence lui a permis
« d'user des châtimens exprimés par la loi
« pour la conservation de sa personne. Si
« le souverain inflige ces peines selon le
« Schesta, les sujets se feront un devoir
« d'obéir ponctuellement à ses ordres ;
« mais s'il ne punit pas selon ce code res-
« pectable, il ruinera son royaume. "

La religion est l'ame de toutes les lois qui régissent le peuple de Siam.

Tous les rois qui font profession du culte du grand Lama , ne négligent jamais, en montant sur le trône, de lui envoyer des ambassadeurs pour demander sa bénédiction, qui est jugée nécessaire à la prospérité de leur règne. Confucius, qui était vivement occupé de la réformation des mœurs, parce que la doctrine religieuse perdait de son influence, et qu'il avait à gémir sur l'indifférence des autorités, s'écriait : *La montagne est tombée ! une haute machine est détruite! les rois rejettent mes maximes, je ne suis plus d'aucune utilité sur la terre ; il faut que je la quitte.*

Aujourd'hui, lorsqu'un mandarin passe devant l'un des sanctuaires de Confucius, *la loi lui ordonne* de descendre de son balanquin, et de se prosterner la face contre terre.

Chez les Éthiopiens, c'est la religion qui veut que les rois soient regardés comme les conservateurs et les gardiens des peuples.

Ceux du royaume de Monomotapa, qui n'ont ni assemblées religieuses, ni prêtres, ni sacrifices, ne reconnaissent d'autres fêtes et solennités que celles que le prince règle tout seul : tout exercice de religion dérive de son autorité.

Chez les peuples de l'ancienne Troglodyte, le roi est comme une espèce de divinité ; on porte le feu devant lui quand il se met en campagne , et devant lui marchent toujours des serviteurs de la religion chargés de parfums exquis.

Chez les Péruviens, toute l'expression de la religion était dans les faits et gestes de l'Inca, et des princes de sa famille.

Toutes les lois des Musulmans sont censées avoir été puisées dans l'alcoran.

Chez les Romains, la Loi des 12. Tables *ordonnait* impérieusement que l'on adorât les Dieux, tous ceux qui étaient reconnus pour tels, et les hommes que leur mérite avait fait placer dans le ciel.

Enfin les Romains saluaient les Dieux, dès qu'ils apercevaient le jour.

Voyons quel était l'état de la religion en France, aux époques les plus reculées de nous.

Ploye ton col à ce joug en douceur, dit St. Remy à Clovis, qu'il disposait à recevoir le baptême ; et le roi répondit : *Oui, j'adore le vrai Dieu, qui est le Père, le Fils et le St. Esprit, créateur du ciel et de la terre.*

Cet acte est fort remarquable, dit l'historien de Serres, *pour avoir consacré nos Roys dans la religion chrestienne, laquelle a conservé jusques aujourd'hui ce royaume, parmy les plus horribles convulsions. Cette publique profession de la chrestienneté acquit entièrement tous les cœurs des Gaulois à Clovis, acheva la concorde et union entre eux et les François : La domination desquels estant mal-aisée, l'apprivoisa et l'affermit pour le bien de la religion, et jetta le fondement de l'entière grandeur de cette royauté : tant peut la religion pour unir les cœurs de l'Estat !*

Lors de l'avénement de Dagobert au trône, la France se trouva dans la situation la plus affligeante ; c'était le fruit des guerres civiles, et de l'extrème facilité de Clotaire. Dagobert rétablit le bon ordre et le respect pour les lois par le seul empire de la religion, qu'il releva par tous les moyens qui étaient en sa puissance. C'est à cette heureuse et sage conception, que nous devons entre autres l'église de St. Denis, devenue la dernière demeure de nos rois. Pépin ne parvint au trône qu'en montrant la plus grande vénération pour la religion. Dans les difficultés qu'il éprouvait pour écarter les descendans de Clovis, et connaissant, comme disent les historiens, *l'humeur des Français,* il insinuait qu'ils devaient toute leur confiance à un *roi religieux*, vaillant, juste et *en état de défendre la foi chrétienne*.

Voici comme un historien du vieux temps, s'exprime sur le compte de Charlemagne : *Pour fondement de toutes vertus, il fut soigneusement instruit de la religion, laquelle il aima et honora avec grande révérence toute sa vie, et les églises, et les pasteurs. La chasteté, l'artrempance, l'équité, le soin de justice, d'ordre, de soulager le peuple, de garder la foi aux amis et ennemis, furent de signalés effets de cette principale science de religion.*

Charlemagne écrivit lui-même contre l'hérésie de Félix d'Urgel, contre lequel il fit assembler un concile : il en usa de même à l'égard de Hélipand.

Nous ne pouvons comprendre, dit-il dans un de ses Capitulaires, *comment des personnes qui désobéissent à Dieu et à ses pontifes, peuvent nous être fidèles.*

On sait qu'en 776, le pape Adrien tint un concile, dans lequel il fit conférer à Charlemagne le droit de nommer à tous les bénéfices qui viendraient à vaquer dans toute l'étendue de la chrétienneté, et cela en reconnaissance de son zèle pour le soutien et la gloire de la religion.

Il avait un soin extraordinaire qu'il y eût gens pour le service de l'Eglise, comme une pépinière du saint ministère. Charlemagne employa heureusement les trois dernières années de sa vie au soin unique de son ame, laissant aux grands un bel exemple d'attremper la grandeur par la piété, la jouissance des biens temporels de l'espérance des éternels, et de penser de bonne heure à partir de ce monde, pour être mieux au ciel.

Hugues Capet obtint par sa piété le titre de Défenseur de l'Eglise. Les Bourbons chassent de bonne race.

En appelant Hugues Capet au trône, les Etats crurent obéir à la volonté du Ciel. On lit dans leur déclaration donnée à Noyon, au mois de mai 987, ces paroles remarquables :

« Qu'estant du tout nécessaire d'établir
« un roy pour la conservation de la France,
« destituée tant par la mort de Louis V,
« que par la félonie manifeste de Charles,
« duc de Lorraine : en bonne foy, *selon*
« *Dieu* et les consciences, les Estats élisent
« Hugues Capet pour roy, auquel ils
« promettent obeyer et aux siens, comme
« à leur roy légitime, selon la loy de l'Estat.''

Robert, son successeur, qui régna 33 ans, sut prévenir la turbulence de quelques mauvais génies qui fomentaient des troubles en France ; il rangea sous son obéissance l'Auxerrois et la Bourgogne, que Landry, comte de Nevers, cherchait à lui enlever. Robert trouva les plus puissantes ressources dans la religion, qu'il tenait en grande vération, parce que son influence toujours bienfaisante lui était garantie par l'histoire.

On connaît les ordonnances de Philippe-Auguste pour la répression de l'impiété ; celle surtout contre les blasphémateurs.

Philippe-Auguste sut conserver la monarchie française à travers les plus grandes difficultés ; il fit plus, il sut l'aggrandir, en réunissant à la couronne plusieurs provinces, distribuées par Hugues Capet. Aucun Prince ne connut mieux le pouvoir de la religion sur l'esprit des Français.

Au retour de son premier voyage d'outre-mer, Louis IX trouva la France livrée à un esprit d'indépendance qui menaçait l'Etat d'une dissolution absolue ; il n'employa d'autres ressorts que ceux de la religion ; il ne s'était pas trompé.

Charles VII apparut dans les circonstances les plus difficiles ; il ne perdit point courage : sa confiance dans la religion lui fit soutenir les efforts les plus pénibles ; il disait fréquemment : *Mettons Dieu et la raison de notre côté.*

On lit dans une ancienne chronique :

Dans le temps que les Anglois tenoient le siége devant la noble cité d'Orléans, estoit le roi Charles très fort au-dessous ; et l'a-voient à-peu-près abandonné la plus grande partie de ses Princes, voyant que de toutes parts ses besognes luy venoient au con-traire. Néanmoins il avoit toujours bonne affection et espérance en Dieu.

Dans ces citations nous n'avons d'autre objet que celui de démontrer qu'en France, dans tous les temps et dans toutes les si-tuations, tout se disait, tout se faisait sous les auspices de la divinité, et la société s'en trouvait fort bien.

Henri IV, qui a vraiment aimé le peu-ple, qui n'a été ambitieux que de la recon-naissance de ses sujets, fut très religieux. Il tomba sous le fer d'un parricide, un vendredi 14 mai 1610. Jacques de la Fons, espèce d'astrologue, lui avait fait entendre que ce jour lui était fatal : les seigneurs de la cour firent au Roi les plus vives instances pour qu'il prît des précautions : *Non*, dit-il, *le cœur des Rois de France est en la main de Dieu. Si Dieu veut que je meure, qui peut me garder? Vous arrestez-vous à ces astrologues et à ces augures? il pleut où Dieu veut, il n'y a point de précautions contre ses ordonnances.*

Il répondait ordinairement à ceux qui lui donnaient de pareils avis, qu'il *se recommandoit à Dieu quand il se couchoit, le prioit de le conduire quand il se levoit, que tout le reste estoit entre ses mains; que ce qu'il gardoit estoit bien gardé, et qu'au surplus il ne vivoit pas de façon qu'il deust entrer en ces défiances.*

Des sentimens non moins religieux signalèrent l'avénement de Louis XIII. Ce fut le 22 mai 1610 qu'il publia sa première déclaration : c'était un hommage solennel qu'il rendait à la religion, et une reconnaissance authentique des services qu'elle avait prodigués à la France.

« Nous avons grande occasion de louer
« Dieu, et d'espérer, comme il luy a pleu
« du passé garantir ce Royaume de très
« grands périls pour le faire fleurir par
« tant de siècles, qu'il veut encore par sa
« bonté prendre en sa protection nos jeunes

« ans, et nous donner loisir de croistre en
« piété et vertus, pour emploïer quelque
« jour, à son honneur et à sa gloire, la
« grandeur à laquelle il nous a eslevé.
« Ce que nous le prions de bon cœur de
« vouloir faire, et nous inspirer toujours
« les conseils qui sont requis et nécessaires
« pour bien régir nos sujets en sa crainte,
« et les faire vivre en paix, union et ami-
« tié, les uns avec les autres, comme estant
« le vrai fondement desquels, après Dieu,
« doit dépendre la seureté et conservation
« du Royaume. ”

Dans une seconde déclaration, du 27 du
même mois, Louis XIII s'exprima en ces
termes :

« Comme l'estonnement s'est trouvé grand
« par tout nostre Royaume, au premier
« rapport qui s'est fait en chacune des par-
« ties d'jcelui d'un si funeste et déplorable
« accident, que celui du détestable parri-
« cide commis en la personne du feu Roy,
« nostre très honoré Seigneur et père (que
« Dieu absolve), nous ne faisons doute
« qu'aucuns de nos serviteurs et sujets,
« pour leur seule conservation, sans au-
« cune mauvaise intention, mais aussi d'au-
« tres avec de pernicieux desseins, ayant

« pris les armes, se soyent jettés dans les
« villes et places , et ayent fait d'autres
« actes , procédant en cela de crainte et
« appréhension , et aux autres du désir de
« trouble et de la division qui leur sem-
« ble pouvoir naistre de ce forfait.

« *Mais Dieu en ayant autrement dis-*
« *posé, et continuant envers nous le repos*
« *de cet Estat , sa bénigne et favorable as-*
« *sistance a tellement uny les cœurs de*
« *tous nos bons sujets et serviteurs , sous*
« *nostre authorité et obeyssance, qu'aucun*
« *d'eux n'a occasion maintenant de douter*
« *de sa seureté.*

C'est à leur sacre surtout , que nos Rois
contractent les obligations les plus étroites
envers la religion : obligations faciles au
cœur des Bourbons , et qui trouvent le
plus puissant appui dans leur sagesse ,
comme dans leur vive sollicitude pour le
bonheur de leurs sujets.

Tel est le premier serment que le Roi
prête à son sacre :

« Je promets, au nom de *Jésus-Christ*,
« au nom du peuple chrétien qui m'est
« soumis, de faire conserver en tout temps
« à l'Église de Dieu la paix par le peu-
« ple chrétien ; d'empêcher les personnes

« de tout rang de commettre des rapines
« et des iniquités, de quelque nature qu'elles
« soient ; de faire observer la justice et la
« miséricorde dans les jugemens, afin que
« Dieu, *qui est la source de la clémence
« et de la miséricorde*, daigne les répandre
« sur moi et sur vous aussi ; *de m'appliquer
« sincèrement, et de tout mon pouvoir, à
« combattre toutes les entreprises con-
« traires à notre foi :* qu'ainsi Dieu et ses
« saints Evangiles me soient en aide ! »

Après les divers sermens, le Roi étant
à genoux, l'archevêque de Reims *bénit*
les gants, l'anneau royal, le sceptre et la
main de justice, qu'il met successivement
dans la main du Roi.

Le trône fit un grand et sublime hommage à la religion, dans l'institution de
l'ordre du Saint-Esprit, le plus relevé, le
plus distingué de tous les ordres connus
en France.

Le Roi dit :

« De par St. Georges et de par St. Michel,
« je vous fais chevalier du St.-Esprit. »

« L'Ordre vous revêt du manteau de son
« aimable compagnie et union fraternelle,
« à l'exaltation de notre foi et religion ca-

« tholique : au nom du Père, et du Fils,
« et du St.-Esprit. ”

La révolution française a fourni un exemple qui ne peut être oublié. Le plus odieux de tous les hommes mis en scène par l'anarchie révolutionnaire, Robespierre, ce niveleur d'exécrable mémoire, ne put se roidir plus long-temps contre les cris de sa conscience, et l'effroi que lui donnaient tous les débordemens de l'impiété et de l'irréligion : il provoqua enfin le retour à l'Être suprême et la reconnaissance de l'immortalité de l'ame.

« *Retournons à la divinité*, s'écria-t-il,
« dans son rapport à la Convention ; *atta-*
« *chons la morale à des bases éternelles et*
« *sacrées ;* inspirons à l'homme ce respect
« religieux, ce sentiment profond de ses
« devoirs, qui est la seule garantie du
« bonheur social *; nourrissons-le par toutes*
« *nos institutions ; que l'éducation publique*
« *soit surtout dirigée vers ce but.*

« Ne consultez que le bien de la patrie
« et celui de l'humanité. Toute institution,
« toute doctrine qui console et qui élève
« les ames, doit être accueillie. Rejettez
« toutes celles qui tendent à les dégrader
« et à les corrompre. Qui donc t'a donné

40

« la mission d'annoncer au peuple que la
« divinité n'existe pas? Quel avantage
« trouves-tu à persuader à l'homme qu'une
« force aveugle préside à ses destinées, et
« frappe au hasard le crime et la vertu?
« que son ame n'est qu'un souffle léger qui
« s'éteint aux portes du tombeau?"

L'exemple donné par Robespierre a
trouvé sa place dans l'inimitable ouvrage
de M. de la Mennais sur l'Indifférence
en matière de religion. Voici comme il en
est parlé.

« La France, couverte de débris, offrait
« l'image d'un immense cimetière, quand,
« chose étonnante! voilà qu'au milieu
« de ses ruines, les princes mêmes
« du désordre, saisis d'une terreur sou-
« daine, reculent épouvantés, comme si
« le spectre du Néant leur eût apparu.
« Sentant qu'une force irrésistible les en-
« traîne eux-mêmes au tombeau, leur
« orgueil fléchit tout à coup; vaincus d'ef-
« froi, ils proclament en hâte l'existence
« de l'Être suprême et l'immortalité de
« l'ame; et debout sur le cadavre palpi-
« tant de la société, ils appellent à grands
« cris le Dieu qui seul peut le ranimer.

« Je m'arrête; qu'ajouterais-je à cet

« exemple éternellement mémorable ? Le
« raisonnement, l'autorité, l'expérience
« s'accordent donc pour démontrer que la
« divinité est le premier besoin des na-
« tions, la raison de leur existence, et
« que toute philosophie irréligieuse tend
« à détruire l'ordre social, le bonheur des
« peuples et les peuples mêmes. "

En effet, aucune société ne peut exister sans religion : les loix veillent sur les crimes connus, et la religion sur les crimes secrets.

Ce n'est qu'au Dieu de tous les êtres et de tous les temps qu'il appartient de pénétrer dans le secret des consciences.

Les honnêtes gens qui ont échappé à la hache révolutionnaire, aux persécutions de ces hommes atroces qui ont voulu asseoir la liberté sur des cadavres, étant demeurés fidèles aux principes religieux, vivent encore aujourd'hui sur les anciennes idées d'ordre, de morale et d'honneur: ils mourront dans ces sentimens.

Le chef d'un Empire immense, et qui offre la plus grande diversité de climats, de mœurs et d'habitudes, est le souverain le plus religieusement révéré de ses peuples, parce que ses peuples croient en Dieu, parce que dans les actes émanés du trône, les événemens les plus mémorables sont présentés comme l'œuvre de Dieu, comme l'ouvrage de sa sagesse et de son inépuisable prévoyance.

Voici quelques passages du Manifeste publié par l'empereur Alexandre, le 27 janvier 1816 :

« C'est la main de Dieu qui a réglé et
« enchaîné ces événemens, qui les a diri-
« gés par des voies qui ne sont connues
« que de lui seul, mais qui ne sont point
« entièrement invisibles aux yeux des mor-
« tels, afin de mettre un terme aux boule-
« versemens auxquels l'Europe était en
« proie. Le Tout-Puissant a renversé l'or-
« gueil, sa sagesse a dissipé les ténèbres,
« et par la miséricorde et la grâce dont il
« est la source, il a empêché que les
« hommes se perdissent entièrement par
« leur aveuglement et leurs passions, etc.

« Ainsi s'écroula, dans l'intervalle d'une
« année, sans pouvoir se relever, une
« puissance colossale, préparée depuis
« long-temps, fortifiée par dix-sept an-
« nées de succès et de victoires, élevée
« enfin sur des monceaux d'ossemens hu-
« mains, sur les débris d'Empires renver-

« sés et de villes en cendres, et qui mena-
« çait d'engloutir le monde entier. Les
« guerriers russes, le cœur navré, *et gui-*
« *dés par l'œuil de la Providence, dont ils*
« *portent le symbôle sur la poitrine,* volent
« avec la vîtesse de l'aigle, des murs de
« Moscou devant ceux de la capitale de
« la France, etc.

« C'est à Paris, ô prodige ! et sur la
« même place où la scélératesse, vomie
« par l'enfer, a insulté et foulé aux pieds
« la religion, l'autorité du Prince, le
« clergé, la vertu, l'humanité ; où elle a
« élevé un autel et offert de l'encens au
« crime ; où l'infortuné Louis XVI a péri
« victime des fureurs de l'anarchie ; où le
« sang de l'innocence a coulé partout pour
« effrayer la vertu et enhardir la licence ;
« c'est sur cette même place, au milieu
« des troupes des différentes puissances
« qui y maintiennent le meilleur ordre,
« au milieu d'un concours immense de
« peuple, que les *prêtres russes adres-*
« *sèrent à Dieu un cantique solennel de*
« *grâces dans notre langue, suivant les*
« *rites de notre sainte religion ; et ceux*
« *mêmes qui l'avaient ouvertement reniée,*
« *fléchissent les genoux avec les pieux en-*

« *fans de l'Eglise, en témoignage de leur*
« *reconnaissance de ce qu'il a confondu*
« *leurs desseins et renversé leur pouvoir.*"

« Ne voit-on pas ici évidemment le
« doigt de Dieu? C'est à lui, à lui seul,
« qu'appartient la gloire de ce change-
« ment. *L'oubli de Dieu, la décadence de*
« *la religion* produisirent cette guerre, ce
« monstre furieux engraissé du sang des
« victimes qu'il immolait sans cesse, et
« qui avait laissé croître ses ailes funèbres,
« pour parcourir le monde, en versant
« partout, sous ses pas, un torrent de
« maux et de calamités. *La Sagesse éter-*
« *nelle le laissa croître, afin que le genre*
« *humain fût puni de ses crimes par les souf-*
« *frances, et apprît par ce terrible exemple,*
« *que la crainte de Dieu peut seule mainte-*
« *nir le bien-être et la sureté des hommes, etc.*

« Peuple et armée russe, dévoué au
« Christ, la miséricorde divine envers toi
« a fait voir combien tu es pénétré de la
« crainte de Dieu, d'amour et de fidélité
« pour la religion. Après une courte pu-
« nition de nos péchés, le juste et sou-
« verain juge des cœurs nous fait grâce,
« et répand sur nous l'éclat d'une gloire
« ineffaçable ; sa bonté nous donne en

« même temps une salutaire leçon. Puisse
« vivre toujours dans notre souvenir, et
« être sans cesse présente à nos yeux, la
« punition que nous avons subie, ainsi
« que celle qui a frappé nos ennemis, et
« qui doit nous faire frémir d'effroi ! elle
« nous crie plus haut que la trompette
« céleste : *Voilà les fruits du crime et
« de l'incrédulité !*"

Il y a bien de la sagesse, il y une grande
science de gouvernement dans cette appli-
cation particulière de l'empereur Alexandre
à attribuer exclusivement à la providence
tous les événemens qui doivent se perpétuer dans la mémoire de ses peuples.

C'est, en effet, dans la religion que l'on
puise le véritable patriotisme, et non celui
qui exclut l'amour de Dieu et du Souverain ; c'est dans la religion que l'on puise
tous les principes d'honneur, de vertu et
de courage ; c'est elle qui, en nous donnant
toute l'élévation que l'homme peut attein-
dre, nous fait franchir les plus grandes
difficultés, et nous porte à toutes les entreprises commandées par le salut commun,
et l'intérêt de la société.

Le vaste empire de la Russie offre di-
verses peuplades dont la civilisation est

peu avancée ; c'est la religion qui les réu-
nit toutes dans les mêmes devoirs, dans
les mêmes craintes et dans les mêmes es-
pérances.

C'est que l'image de la divinité est im-
primée sur toute la nature ; c'est que dans
toutes les langues, le vice et la vertu ont
des noms qui leur sont propres. La religion a conservé sa douce et bénigne influence dans les Etats héréditaires de l'Autriche : aussi l'Autrichien est-il, de tous les
peuples de l'Europe, celui qui professe le
dévouement le plus absolu, le plus respec-
tueux pour son Souverain, le zèle le plus
pur, le plus édifiant pour le soutien et la
gloire de la monarchie.

Lorsqu'en 1798, le général Bernadotte,
assis aujourd'hui sur le trône de Suède, et
qui vint à Vienne comme agent diploma-
tique du Directoire français, fit naître
quelques circonstances qui donnaient à
croire que l'objet principal de sa mission
était de fomenter une insurrection dans la
capitale de l'Autriche, le peuple de Vienne,
indigné de ce que l'on osait croire qu'il
transigerait avec sa fidélité et son amour
pour son Souverain, se mit en devoir d'es-
calader l'habitation de ce général, qu'il

avait voué à sa vengeance , et il fallut que le gouvernement , pour sauver les jours de ce dernier, et protéger son départ très précipité , employât toute la cavalerie qui composait la garnison, et qui dut escorter le général Bernadotte jusqu'à une très grande distance de Vienne.

Que la leçon donnée par les désorganisateurs qui ont commencé la révolution, ne soit point perdue ! pour préparer la ruine de l'Etat, et le plonger dans les convulsions de l'anarchie, les artisans de tous nos maux commencèrent par attaquer la religion , comme le fondement de la morale éternelle.

Si la religion eût conservé son empire, ces hommes atroces auraient-ils osé se permettre le plus exécrable des attentats ? se seraient-ils gorgés du sang le plus pur, de celui du plus juste et du meilleur des rois ?

La France doit tous les excès , tous les maux, tous les crimes dont elle a été le théâtre, au mépris et à l'abandon des idées religieuses, aux doctrines funestes et anti-sociales que des missionnaires impies et sacrilèges propageaient par leurs écrits , comme par leurs discours.

C'est encore à ces mêmes doctrines que nous devons aujourd'hui la multiplicité des suicides, parce qu'en persuadant aux hommes qu'au delà du tombeau il n'est plus d'autre vie, ils ne connaissent d'autre mobile que leur intérêt, et d'autres jouissances que celles du présent.

C'est parce que la religion développe et nourrit dans les cœurs des sentimens de fidélité, de concorde et de bienveillance, qu'elle imprime surtout l'esprit d'ordre, que les artisans éternels de nos maux crient au fanatisme, lors même qu'on se borne à repousser les atteintes dirigées contre le culte et ses ministres ; ils crient à l'indépendance religieuse qu'eux seuls compromettent, qu'eux seuls attaquent sans cesse ; ils invoquent les libertés de l'Eglise gallicane qui, depuis plus d'un siècle, se trouvent exemptes de toutes atteintes.

Il en est plus que temps, rendons à la religion tout son éclat, tout son empire, parce qu'avec elle renaîtront toutes les vertus chrétiennes et morales ; c'est la religion seule qui peut rendre à la France cette paix si précieuse dont elle est encore privée aujourd'hui ; c'est elle seule qui

peut établir une parfaite unité de sentimens, une entière intelligence de tous les
cœurs, l'oubli absolu du passé. C'est lorsque la religion tomba, que la discorde établit
son règne, que s'élevèrent l'audace la plus
révoltante, la licence la plus effrénée, les
désordres les plus odieux, que l'on connut
enfin tous les crimes qui convertirent la
France en un vaste champ de désolation
et de carnage, et qui jettèrent l'effroi parmi toutes les nations civilisées.

Ah ! si l'intérêt public n'exigeait point
que nous rendissions aux ministres des autels la considération qui leur est si nécessaire, lorsqu'il s'agit de purifier les élémens
de la morale publique, n'oublions pas du
moins le saint ministère dont ils sont
chargés, celui de porter des consolations à
l'homme, lorsqu'il quitte son épouse, ses
enfans, lorsque la nature entière disparaît
à ses yeux, lorsqu'il va rendre compte à
l'Éternel d'une vie qui ne fut pas exempte
de passions, d'erreurs, de fautes et peut-être
de quelques crimes......

Vous avez vu ces dignes pasteurs périr
courageusement sur les marches des autels,
ou dans les cachots multipliés par l'anarchie révolutionnaire, plutôt que de com-

poser avec leur conscience, et de renoncer à la foi de Jésus-Christ.

Voulez-vous savoir quel est le principe de la haine et de la persécution qu'ils éprouvent? vous le trouverez tout entier dans l'auguste mission qui leur est confiée.

Voici comme s'exprimait M. l'évêque de Meaux, dans une circulaire qu'il adressa, le 24 mars 1816, aux curés de son diocèse :

« Selon la parole de l'Évangile, vous
« êtes dans le monde pour servir de lu-
« mière : répandez-en les rayons bienfai-
« sans ; dissipez les trâmes ténébreuses de
« la malveillance ; vous êtes les ambassa-
« deurs du Très-Haut, faites connaître sa
« volonté sainte : oui faites connaître et
« sentir combien sont coupables les hommes
« méchans et imprudens qui tiennent un
« langage propre à altérer la confiance,
« à diminuer le respect, à affaiblir l'amour
« que nous devons au Roi. En défendant
« la cause du Roi, vous défendez la cause
« de Dieu dont il est l'image : vous dé-
« fendez la cause de notre infortunée pa-
« trie dont il peut seul être le soutien et
« l'appui. ”

Ce sont encore les ministres des autels qui, dignes interprètes de la parole de

Dieu , nous apprennent que l'on ne peut assurer son bien-être que par l'économie , par l'assiduité des travaux , par la soumission à l'ordre , par une grande confiance dans la sagesse du gouvernement. Ce sera donc à leurs courageux efforts , à la grande considération que nous saurons leur ménager , et conséquemment à leur influence , que nous serons redevables de la destruction de cet orgueil individuel, vrai fléau de la société , un des plus déplorables héritages de la révolution. C'est lui qui fait que, nous croyant propres à tout, nous ne connaissons aucune difficulté , aucuns ménagemens pour parvenir à notre but ; et que, n'ayant d'autre règle que celle d'une ambition aussi ridicule que démesurée , nous poursuivons la fortune ou le rang, à l'appui des plus grands désordres , au prix des extravagances les plus révoltantes. Nous apprendrons enfin que le travail et la probité sont les seules sources de la fortune et de l'élévation. Soyons vrais ; c'est cette perversité d'orgueil qui a le plus singulièrement favorisé le retour de l'usurpateur, et avec lui tous les maux qui signalent la présence du génie du mal , du véritable précurseur de la misère et de la désolation.

4 *

Disons-le encore, l'union et la concorde ne peuvent procéder que du retour aux principes religieux : parce que c'est la religion qui nous prescrit la plus entière abnégation, et que c'est la religion surtout, qui exige impérieusement que nous regardions comme principale règle de notre conduite la volonté du Prince et les lois de l'Etat.

Que les magistrats chargés de la vindicte publique soient donc attentifs à réprimer l'audace sacrilège de ces êtres malfaisans qui, propageant des doctrines antichrétiennes, cherchent à replonger la France dans un déluge de souffrances et de calamités.

Relevons au contraire ces écrivains vraiment vertueux qui s'efforcent de nous pénétrer de ces maximes de religion, de morale et de vertu, dont le mépris a été pour nous une source intarissable de maux et de désastres.

Que surtout l'instruction de la jeunesse soit l'objet de notre plus tendre, de notre plus vive sollicitude. N'oublions pas que c'est dans l'enfance que la religion doit déposer dans nos ames les semences de la vertu, les premiers germes de tous les sentimens qui peuvent garantir le bonheur de la société ; que c'est par la religion qu'on imprime aux jeunes gens l'amour des devoirs, le respect pour ceux auxquels ils doivent la vie, la soumission à l'autorité, la pitié pour le malheur, ce sentiment charitable qui nous rapproche de tous les hommes.

Admirons la haute sagesse du meilleur des princes, de l'héritier présomptif de la couronne qui, ayant visité, le 26 avril 1816, l'école de droit à Paris, dit aux jeunes éleves:

« Que la morale et la religion soient
« toujours les guides de vos actions ! c'est
« aux bons principes qui sont dans vos
« cœurs, que vous devez les nobles im-
« pulsions qui vous portent à aimer votre
« Roi. »

Cet écrit allait être mis sous presse, lorsque nous avons reçu la nouvelle de l'exécrable attentat qui a terminé les jours de S. A. R. Mgr le Duc de Berry ; attentat monstrueux, qui plonge dans le deuil l'auguste Dynastie des Bourbons, tous les fidèles sujets du Roi, tous les hommes vraiment français, tous ceux qui entendent et respectent les intérêts de leur patrie.

Cet événement si déplorable nous a fourni un grand exemple. Indépendamment que nous trouvons en lui le fruit des doctrines perverses qui empoisonnent la société, nous voyons un Prince religieux qui, à sa dernière heure, écoute d'abord les nobles mouvemens de la nature et de la religion : ses premières paroles furent celles-ci : *ma fille et M. l'Évêque d'Amyclée !*

Nous le voyons confesser à haute voix, sans être géné par la présence de sa famille et des nombreux assistans qui l'entourent, toutes les fautes dont il se reconnaît coupable. Nous le voyons demandant pardon à Dieu de ses offenses, et aux hommes, de celles de ses actions qui auraient pu leur donner du scandale.

Ses premières paroles au Roi sont en faveur de son assassin, dont il ne peut comprendre le crime. *Sire ! grâce pour l'homme qui m'a frappé ; sans doute, c'est quelqu'un que j'aurai offensé sans le vouloir.*

Ah ! demandons à ces sectaires de théories anarchiques, à ces provocateurs de troubles et de révoltes, s'ils comptent dans leurs rangs des hommes qui sauraient mourir ainsi, qui pousseraient aussi loin le sentiment des vertus chrétiennes.

Il semble que la Providence n'ait pas voulu cependant épuiser sur nous toutes ses rigueurs ; car, par une faveur insigne, et qui a été remarquée par les hommes même les plus préoccupés, elle a permis que cet infortuné Prince, peut-être méconnu, vécût encore sept heures, pour déployer, dans ce court espace de temps, tout ce que la grandeur d'ame, la noblesse des sentimens, l'élévation des idées religieuses et le plus beau courage peuvent inspirer de plus sublime, de plus touchant, de plus propre à nous imposer des regrets éternels !